Susanne Helmold

Serviettentechnik auf Stoff

Ravensburger Ratgeber
im Urania Verlag

Inhalt

Vorwort

Was in England einst als Découpagetechnik begann, hat sich mittlerweile zu einer umfassenden Dekorationsidee auf Holz, Porzellan und Glas entwickelt: die Serviettentechnik.

Mithilfe einer besonderen Art von Spezialkleber (Leim) wie beispielsweise Transferlack oder Mod Podge wird die oberste Lage einer Papierserviette auf einem Dekorationsobjekt fixiert und wasserfest versiegelt.

Neuerdings kann mit dieser Technik, dank spezieller Lacke, auch auf Stoff gearbeitet werden. Ein ständig wachsendes Angebot an Papierservietten mit figürlichen oder floralen Motiven bietet für jeden Geschmack und Anlass das richtige Motiv.

Auch ohne handwerkliche Vorkenntnisse lassen sich innerhalb kürzester Zeit

dekorative Ergebnisse erzielen. Mit einem Motiv Ihrer Wahl, Textiltransfermedium für Stoff sowie Haftvlies verwandeln Sie schlichte Textilien im Handumdrehen in individuelle Einzelstücke. Für einige der in diesem Buch beschriebenen Objekte benötigen Sie außer den genannten Utensilien lediglich noch einige Grundkenntnisse im Nähen.

Die für dieses Buch ausgewählten Serviettenmotive sind als Anregung gedacht.

Wollen Sie mit eigenen Motiven arbeiten, so sind Ihrem Geschmack und Ihrer Fantasie selbstverständlich keine Grenzen gesetzt.

Viel Spaß beim Dekorieren wünscht Ihnen

Susanne Helmold

Material und Technik

Die in diesem Buch beschriebenen Modelle sind bis auf einige Ausnahmen mit Haftvlies und Textiltransfermedium realisiert worden. Mithilfe dieser Materialien lassen sich sehr große Motive oder filigrane Formen wie Stängel oder feine Blätter besonders einfach auf den Stoff aufbringen. Außer den genannten Dingen benötigen Sie hierzu noch ein Bügeleisen und eine Schere. Mit dem Bügeleisen fixieren Sie die Serviette auf dem Haftvlies. Das stabilisiert die sehr dünne Papierschicht und beugt der Faltenbildung vor. Anschließend schneiden Sie das Motiv aus und bügeln es auf den Stoff auf. Nach dem Abkühlen muss das Motiv nur noch mit Textiltransfermedium, einem speziell für das Arbeiten mit Stoff entwickelten Lack, versiegelt werden. Sie können das Textiltransfermedium auch direkt auf den Stoff aufstreichen und das Serviettenmotiv vorsichtig andrücken. Auch in diesem Fall wird das Motiv abschließend mit dem Transfermedium versiegelt. Zum Auftragen des Lacks eignet sich am besten ein weicher bzw. ein Haarpinsel.

Nach etwa 72 Stunden ist der dekorierte Stoff vollkommen ausgehärtet und kann bis 30 °C gewaschen werden. Bitte beachten Sie aber betreffs Trockenzeit und Waschbarkeit die zum Teil voneinander abweichenden Hinweise der Hersteller.

Die Textilien sollten vor dem Dekorieren gewaschen und gebügelt sein, damit die Appretur und Schmutz entfernt werden und der Stoff schön glatt ist.

Auch dunklere Textilien können Sie mit der Serviettentechnik dekorieren. Bemalen Sie die entsprechende Stelle vorher mit weißer Textilfarbe, damit der dunkle Untergrund nicht zu stark durch das Serviettenmotiv durchscheint. Der Bastelhandel bietet hierfür spezielle Stoffmalfarben an.

Schritt für Schritt

1. DIE UNTEREN LAGEN ENTFERNEN

Eine Serviette besteht aus mehreren Schichten dünnen Papiers. Zumeist handelt es sich um drei Lagen, von denen in der Regel nur die oberste bedruckt ist.

Lösen Sie die beiden unteren Serviettenschichten vorsichtig ab. Sie arbeiten immer nur mit der obersten, bedruckten Lage.

2. AUFBÜGELN AUF DAS HAFTVLIES

Bedecken Sie Ihre Bügelunterlage mit etwas Backpapier, um eine Verschmutzung durch den Klebstoff des Haftvlieses zu vermeiden. Legen Sie die bedruckte Serviettenlage mit der Unterseite auf das Haftvlies und bügeln Sie sie auf mittlerer Stufe mit dem Bügeleisen bei Einstellung «Baumwolle» fest. Durch die Hitze schmilzt die Klebstoffschicht des Haftvlieses und verbindet sich mit der Serviette.

3. DAS MOTIV AUSSCHNEIDEN

Nach dem Abkühlen nehmen Sie die Serviette samt Haftvlies vom Backpapier. Schneiden Sie das Motiv exakt mit einer feinen Schere aus. Jetzt zeigt sich einer der Vorteile des Haftvlieses. Wie Sie sehen, ermöglicht Ihnen das Haftvlies das Ausschneiden der Motive, ohne dass Knicke oder Risse entstehen.

TIPP

Wenn Sie dekorierte Stoffe nach dem Waschen bügeln, decken Sie die Serviettenmotive immer mit Backpapier ab. Was die Bügeltemperatur anbelangt, so sollten Sie den Stoff auf keinen Fall heißer als bei Einstellung «Baumwolle» bügeln.

4. DIE PAPIERSCHICHT ENTFERNEN

Das Haftvlies besteht aus einer Papier- und einer Klebeschicht. Nach dem Aufbügeln und Ausschneiden des Serviettenmotives lösen Sie die Papierschicht vom Haftvlies ab. Zum Dekorieren verwenden Sie lediglich das auf der Klebeschicht des Haftvlieses fixierte Motiv.

5. AUFBÜGELN AUF DEN STOFF

Legen Sie das Serviettenmotiv mit der Klebeseite auf den Stoff und decken Sie diesen Bereich mit Backpapier ab. Fixieren Sie das Motiv dann mit dem Bügeleisen bei Einstellung «Baumwolle» auf dem Stoff. Bügeln Sie, wenn möglich, auch dessen Rückseite, damit sich der Kleber komplett mit dem Stoff verbindet.

6. VERSIEGELN

Zum Schluss die aufgebügelte Serviettenschicht mit Textiltransfermedium versiegeln. Die Motive gleichmäßig mit dem Lack bestreichen, dabei immer von der Mitte zum Rand arbeiten. Möglichst nicht über die äußere Kontur hinausstreichen, da sonst Flecken auf dem Stoff entstehen könnten. Der Lack sollte mindestens 72 Stunden trocknen. Dann das Motiv noch einmal mit Backpapier abdecken und bügeln. Jetzt ist die Serviette auf dem Stoff fixiert. In der Regel ist der Stoff nun bei 30 °C im Schonwaschgang oder per Handwäsche waschbar.

Windlichthülle aus Organza

Für die Windlichthülle zunächst das entsprechende Glaswindlicht vermessen. Die Maße zuzüglich 10 cm in der Breite und 5 cm in der Länge auf den Baumwollorganza übertragen und ausschneiden. Ober- und Unterkante versäumen und entlang der Längskante zusammennähen. Den Saum mit grobem Zickzack-Stich versäubern und die Stoffhülle auf rechts drehen.

Die beiden unteren Lagen der Serviette ablösen und die oberste, bedruckte Schicht auf das Haftvlies legen. Die Serviettenlage sollte faltenfrei aufliegen. Anschließend mit dem Bügeleisen aufbügeln und abkühlen lassen.

Die Tulpenmotive mit einer Schere ausschneiden und zunächst probeweise auf der Windlichthülle anordnen. Die Papierschicht von der Rückseite des Haftvlieses lösen und dieses mit dem Bügeleisen auf dem Stoff fixieren, nachdem das Motiv zuvor mit Backpapier abgedeckt worden ist. So verfahren, bis die Windlichthülle rundum dekoriert ist.

Um die Applikation waschen zu können, sollte sie zusätzlich mit Textiltransfermedium versiegelt werden.

Trocknen lassen. Dann das Motiv noch einmal mit Backpapier abdecken und bügeln. Jetzt ist die Serviette auf dem Stoff fixiert. Einem gemütlichen Abend im Freien mit dekoriertem Windlicht steht nichts mehr im Wege.

Karokissen mit Hahn

Die beiden unteren Lagen der Serviette ablösen und die bedruckte Lage mit Haftvlies verstärken. Dazu die Unterseite der Serviettenlage mit dem Bügeleisen bei mittlerer Temperatur auf das Haftvlies aufbügeln und abkühlen lassen.

Das Motiv mit Hahn entlang der blauen Außenkontur exakt mit einer Schere ausschneiden. Die Trägerfolie vorsichtig abziehen und auf ein Stück helles Jutegewebe aufbügeln. Das Jutegewebe mit einem Rand von 1,5 cm um das Serviettenmotiv zuschneiden und ebenfalls mithilfe des Bügeleisens auf der Rückseite mit Haftvlies verstärken.

Die Applikation mittig auf dem – selbstverständlich vom Kissen abgezogenen – Karokissenbezug platzieren und bei mittlerer Temperatur mit dem Bügeleisen aufbügeln. Den Bezug auch von innen bügeln. Den Übergang von Jutegewebe und Kissenbezug mit engem Zickzack-Stich oder beliebigem Zierstich mit der Nähmaschine umnähen.

Dann die Motive gleichmäßig mit Lack bestreichen. Nicht vergessen: Immer von der Mitte zum Rand arbeiten und möglichst nicht über die äußere Kontur hinausstreichen, um Faltenbildung und Flecken zu vermeiden! Den Lack mindestens 72 Stunden trocknen lassen.

Abschließend das Motiv noch einmal mit Backpapier abdecken und bügeln. Im Handumdrehen hat sich ein gewöhnliches Kissen in ein hübsches Dekorationsobjekt im Landhausstil verwandelt.

MATERIAL

Kissenhülle aus Karostoff
helles Jutegewebe
Haftvlies
Bügeleisen
Nähgarn
Serviettenmotiv Hahn
Textiltransfermedium
Pinsel
Schere

Lampen-schirm

Die Verwendung eines Bügeleisens kommt bei einem Lampenschirm kaum in Frage. Es geht jedoch auch ohne Haftvlies und Bügeleisen. Allerdings müssen Sie besonders darauf achten, dass beim Auftragen der Serviettenschicht keine Falten entstehen.

Wählen Sie ein nicht zu dunkles Motiv aus, da das Licht sonst zu sehr gedämpft wird. Grundieren Sie den Lampenschirm zunächst nur hälftig mit Textiltransfermedium, damit der Lack nicht während des Arbeitens eintrocknet. Dann die unteren zwei Lagen des All-over-Motivs ablösen.

Platzieren Sie das Serviettenmotiv vorsichtig auf der grundierten Hälfte des Schirms und streichen Sie es mit den Fingern oder einem trockenen Pinsel glatt. Vollständig trocknen lassen. Den Überstand am unteren und oberen Rand mit einer feinen Schere bündig abschneiden oder vorsichtig abreißen. Abstehen-de Ränder mit einem feinen Pinsel und etwas Textiltransfermedium nachträglich wieder ankleben. Jetzt die andere Hälfte des Schirms auf dieselbe Weise dekorieren.

Zum Schluss den ganzen Lampenschirm noch einmal mit Textiltransfermedium versiegeln.

Stoffdose mit Herz

Auch mit Stoff bezogene Dosen lassen sich mit dieser Technik zum dekorativen Blickfang oder zu einer wunderschönen Geschenkverpackung veredeln.

Grundieren Sie den Deckel und das Unterteil der Dose mit Textiltransfermedium und lassen Sie den Lack einige Minuten antrocknen, damit die Serviettenschicht nicht zu leicht verrutscht oder Falten wirft. Auch diese Serviette wird als All-over-Motiv verwendet.

Die unteren beiden Serviettenlagen ablösen, bis nur noch die bedruckte Schicht übrig ist. Die Serviettenlage auf den leicht angetrockneten, aber noch feuchten Lack auflegen und vorsichtig andrücken.

Mit den Fingern oder einem trockenen Pinsel glätten, sodass die Oberfläche nahezu faltenfrei auf der Dose aufliegt.

So auch mit dem Unterteil der Dose verfahren. Lassen Sie den Lack zunächst trocknen und schneiden Sie dann die überstehenden Ränder der Serviette mit einer feinen Schere sauber ab. Versiegeln Sie anschließend die Oberfläche mit einem weiteren Auftrag Textiltransfermedium. Dabei können Sie auch eventuell noch abstehende Reste der Überstände ankleben.

Tulpengardine

MATERIAL

Gardine aus Baumwollorganza
Serviettenmotiv Tulpen
Haftvlies
Bügeleisen
Schere
Textiltransfermedium
Pinsel

Den Vorhang vor dem Dekorieren waschen, um die Appretur zu entfernen, und mit einem Bügeleisen glätten.

Zunächst die unteren beiden Serviettenlagen vorsichtig ablösen und die oberste Lage auf das Haftvlies legen. Mit dem Bügeleisen fixieren und einige Minuten abkühlen lassen. Beim Bügeln die Unterlage aus Backpapier nicht vergessen!

Mit einer feinen Schere die Blumenmotive möglichst exakt ausschneiden. Legen Sie die Motive zunächst probeweise auf den Vorhang, sodass die Fläche möglichst gleichmäßig mit Blumen ausgefüllt ist. Die Folie von der Unterseite vorsichtig lösen, dann das Motiv mit Backpapier abdecken und auf den Stoff aufbügeln. Das Motiv auch nochmals von der anderen Seite des Stoffes aus bügeln.

Die applizierten Motive auf der Schlaufengardine einige Minuten abkühlen lassen und anschließend mit einer dünnen Schicht Textiltransfermedium versiegeln. Dabei immer von der Mitte zum Rand arbeiten und möglichst nicht über die äußere Kontur hinausstreichen. Den Lack trocknen lassen und zum Schluss das Motiv noch einmal mit Backpapier bedecken und bügeln.

Da die applizierte Serviettenschicht lichtdurchlässig ist, ergeben sich bei Sonnenschein wunderschöne Farbwirkungen auf der Gardine.

Duftbeutel aus Organza

MATERIAL

Baumwollorganza
Serviettenmotiv Kamelie
getrocknete Rosen
Nähgarn
Haftvlies
Bügeleisen
Schere
Lineal
Heftnadeln

Den Stoff zunächst doppelt legen und mit Heftnadeln zusammenstecken. Mit Lineal und Bleistift ein 15 x 15 cm großes Quadrat aufzeichnen und mit einer Zugabe von 4 cm ausschneiden. Entlang der Bleistiftlinie das Quadrat mit engem Zickzack-Stich umnähen und dabei ca. 4 cm an der Längsseite geöffnet lassen.

Die unteren beiden Schichten von der Kamelien-Serviette lösen und die bedruckte Lage mit Haftvlies verstärken. Abkühlen lassen und dann die Kamelie exakt ausschneiden. Die Papierschicht entfernen, das Motiv auf den Organzabeutel auflegen, mit Backpapier abdecken und aufbügeln.

Falls Sie nicht vorhaben, den Beutel irgendwann einmal zu waschen, kann das abschließende Versiegeln mit Textiltransfermedium entfallen.

Jetzt die getrockneten Rosen in den Beutel geben, bis dieser gut gefüllt ist. Die Öffnung mit engem Zickzack-Stich vernähen und den Überstand entlang der Zickzack-Naht mit einer Schere sauber abschneiden. Nicht nur die Rosen duften, auch die Kamelien kann man förmlich riechen.

Bilderrahmen

MATERIAL

Holzbilderrahmen
Volumenvlies
Serviette
Tacker
Baumwollstoff in Weiß
Haftvlies
Bügeleisen
Pinsel
Textiltransfermedium
Schere

Wozu teure Bilderrahmen kaufen? Nehmen Sie einen einfachen Holzrahmen und «kleiden» Sie ihn individuell «ein». Den Bilderrahmen mit der Vorderseite auf das Volumenvlies legen und sowohl die Umrisse als auch den inneren Ausschnitt des Rahmens mit einer Zugabe von 5 cm aus dem Stoff ausschneiden. Komplizierte Nähkünste sind hier nicht erforderlich. Befestigen Sie das Vlies einfach mit dem Tacker auf der Rückseite des Bilderrahmens.

Nun die unteren beiden Lagen von der Serviette entfernen und die Rückseite der obersten Serviettenlage mit dem Bügeleisen auf dem Haftvlies fixieren.

Nach dem Abkühlen die Trägerfolie des Haftvlieses abziehen. Dann die Serviettenlage faltenfrei auf ein ausreichend großes Stück Baumwollstoff legen und mit dem Bügeleisen aufbügeln. Den Bilderrahmen mittig auf die Rückseite des Baumwollstoffes legen. Den inneren Ausschnitt zuzüglich 1,5 cm Zugabe auf den Stoff aufzeichnen und ausschneiden, an den Ecken diagonal einschneiden. Den Stoff zunächst entlang des inneren Ausschnittes mit dem Tacker befestigen, dann leicht über die Außenseiten des Rahmens spannen und ebenfalls festtackern.

Zum Schluss das zu rahmende Bild hinter den Ausschnitt kleben – und anschauen oder verschenken.

Baumwollbeutel

Die Folie vorsichtig ablösen und das Motiv mittig auf der Baumwolltasche positionieren. Mit Backpapier abdecken und mit dem Bügeleisen fixieren. Gut abkühlen lassen.

Das Motiv dann gleichmäßig mit Textiltransfermedium bestreichen, dabei von der Motivmitte zum Rand hin arbeiten und möglichst nicht über das Motiv hinausstreichen. Mindestens 72 Stunden trocknen lassen, dann das Motiv noch einmal mit Backpapier abdecken und bügeln. Wenn möglich, die Motive auch von der Innenseite der Tasche aus bügeln.

Viel zu Schade, um im Schrank zu verschwinden: eine schlichte Baumwolltasche mit Gänsemotiv. Die Serviette mit der Gans bietet sich als All-over-Motiv besonders gut an.

Das Motiv entlang der blauweiß karierten Kontur exakt ausschneiden. Alle Serviettenschichten ablösen, bis nur noch die bedruckte Lage übrig ist. Diese mit Haftvlies verstärken und abkühlen lassen.

Die Baumwolltasche mit dem Bügeleisen glätten, sodass sie faltenfrei ist. Vergessen Sie auch nicht, die Tasche vor dem Dekorieren zu waschen!

Küchenschürze

Damit das Stiefmütterchenmotiv sich gut vom karierten Untergrund absetzt, sollten Sie auf die Brusttasche sowie oberhalb des Saumes hellen Baumwollstoff applizieren. Dafür einen ca. 14 cm breiten Streifen aus Baumwollstoff mit Haftvlies verstärken und 5 cm oberhalb des Saumes aufbügeln. Die Stoffkante mit Zickzack-Stich versäubern, die Enden umschlagen und auf der Rückseite der Schürze vernähen. Für die Applikation auf der Tasche gleichermaßen verfahren.

Beide Stellen auch von der Rückseite aus bügeln. Dann die beiden unteren Lagen der Serviette ablösen und die bedruckte Lage mit der Unterseite auf das Haftvlies bügeln.

Mit einer Schere die Stiefmütterchensträuße sowie einzelne Stiefmütterchen exakt ausschneiden, und anschließend die Trägerfolie abziehen. Die Motive auf den Stoff legen, mit Backpapier abdecken und bei mittlerer Temperatur mit dem Bügeleisen aufbügeln.

Nach dem Abkühlen die einzelnen Motive mithilfe eines feinen Pinsels mit Textiltransfermedium überstreichen. Trocknen lassen und abschließend nochmals durch Backpapier hindurch bügeln.

Flecken auf der dekorierten Schürze? Kein Problem! Der dekorierte Stoff ist bei 30 °C als Handwäsche oder im Schonwaschgang waschbar.

Tischset und Serviette

Jetzt kann der Sommer kommen! Mohnblumen auf Tischset und Serviette künden von der bevorstehenden warmen Jahreszeit.

Glätten Sie Tischset und Serviette zunächst mit dem Bügeleisen. Lösen Sie die beiden unteren Lagen der Serviette ab und verstärken Sie die bedruckte Lage mit Haftvlies. Schneiden Sie nach dem Abkühlen die Mohnmotive möglichst exakt mit der Schere aus und lösen Sie abschließend die Folie vorsichtig ab.

Legen Sie die Motive zunächst probeweise auf Tischset und Serviette und bügeln Sie sie dann mit dem Bügeleisen von beiden Seiten fest. Die Applikation abkühlen lassen. Dann die Motive mit Textiltransfermedium dünn und gleichmäßig bestreichen, dabei immer von der Motivmitte zum Rand hin arbeiten.

Möglichst nicht über die Kontur hinausstreichen. Mindestens 72 Stunden trocknen lassen, dann nochmals bügeln.

Servietten und Tischsets werden aus nahe liegenden Gründen relativ häufig gewaschen. Sie werden feststellen, dass auch mehrmaliges Waschen den Motiven nicht schadet, wenn Sie den Stoff per Hand oder im Schonwaschgang und nicht bei mehr als 30 °C waschen.

Tischdecke mit Stiefmütterchen

MATERIAL

Tischdecke aus
naturfarbenem Stoff
Serviettenmotiv Stiefmütterchen
Haftvlies
Bügeleisen
Textiltransfermedium
Pinsel
Schere

Nach dem Abkühlen schneiden Sie die Stiefmütterchen möglichst exakt mit einer Schere aus und lösen vorsichtig die Folie vom Haftvlies ab. Ordnen Sie die Motive auf der Tischdecke an, decken Sie sie mit Backpapier ab und fixieren Sie sie anschließend mit dem Bügeleisen.

Bügeln Sie die Motive auch nochmals von der Rückseite des Stoffes aus. Nach dem Abkühlen überstreichen Sie die einzelnen Motive mit etwas Textiltransfermedium und lassen das Ganze trocknen. Nach nochmaligem Bügeln sind die Motive endgültig fixiert.

Diese Blumen welken nie! Zarte Stiefmütterchen zieren den Saum dieser frühlingshaften Tischdecke. Wie bei dem Mohnblumenmotiv zeigt sich auch bei den Stiefmütterchen mit ihren filigranen Stängeln und Blüten, welch großen Vorteil das Arbeiten mit Haftvlies bietet. Durch die Verstärkung mit der Haftvliesschicht wird das Ausschneiden und Applizieren der Motive ohne Falten und Risse enorm erleichtert.

Lösen Sie die unteren beiden Serviettenlagen ab und verstärken Sie die bedruckte Lage mit Haftvlies. Dazu legen Sie die bedruckte Lage auf die Klebeschicht auf und bügeln sie mit dem Bügeleisen bei mittlerer Temperatur möglichst faltenfrei auf.

Tischdecke mit Gänsemarsch

MATERIAL

Tischdecke aus hellem Baum-
wollstoff
Serviettenmotiv Gänse
Haftvlies
Bügeleisen
Schere
Textiltransfermedium
Pinsel

Wenn Ihnen Stiefmütterchen nicht so zusagen, wie wäre es mit einem fröhlichen Gänsemarsch entlang des Saums? Eine Tischdecke mit lustigen Tiermotiven eignet sich besonders gut für Kindergeburtstage.

Die unteren beiden Serviettenlagen ablösen und die bedruckte Lage mit Haftvlies verstärken. Dazu ein der Größe der Serviettenlage entsprechendes Stück Haftvlies zuschneiden und auf die Rückseite der Serviette bügeln. Abkühlen lassen.

Die Gänse möglichst exakt mit der Schere ausschneiden und auf dem Saum der Tischdecke zunächst probeweise «in Marsch setzen». Dann die Folie abziehen und die Gänse, abgedeckt mit Backpapier, mithilfe des Bügeleisens auf der Tischdecke fixieren. Auch nochmals von der Rückseite aus bügeln.

Nach dem Abkühlen alle Gänse gleichmäßig mit Textiltransfermedium bestreichen und trocknen lassen. Die Motive immer vom Rand zur Mitte bestreichen und dabei möglichst nicht über das Serviettenmotiv hinausstreichen.

Trocknen lassen und die Motive ein letztes Mal überbügeln.

Einkaufsbeutel

Die Folie vorsichtig vom Haftvlies abziehen und die Bordüre auf die Tasche auflegen. Das Motiv mit Backpapier abdecken, mit dem Bügeleisen fixieren und wieder abkühlen lassen. Mit der Rückseite der Tasche genauso verfahren.

Dann die gesamte Bordüre gleichmäßig mit Textiltransfermedium bestreichen, dabei immer von der Motivmitte zum Rand hin arbeiten. Den Lack mindestens 72 Stunden trocknen lassen, die Motive abschließend noch einmal festbügeln. Und jetzt fröhlichen Einkauf!

In den meisten Supermärkten bekommen Sie an der Kasse heutzutage Baumwolltaschen mit buntem Werbeaufdruck angeboten. Warum stattdessen nicht einmal einen individuell dekorierten Einkaufsbeutel kreieren?

Mit einer Schere die vollständige Bordüre mit sechs Primeln exakt aus der Serviette ausschneiden. Dann die beiden unbedruckten Lagen ablösen.

Ein der Größe der Bordüre entsprechendes Stück Haftvlies zuschneiden und mithilfe des Bügeleisens die Serviette mit der Unterseite aufbügeln. Abkühlen lassen.

Eierwärmer

Was wäre ein Frühstück am Sonntag oder an so manchem gemütlichen Urlaubsmorgen ohne Eier? Dabei immer dieselben Eierwärmer zu benutzen, ist langweilig. Verwöhnen Sie sich an einem besonders schönen Morgen mit diesen dekorativen Eierwärmern!

Lösen Sie die unteren Schichten von beiden Servietten ab, bis nur noch die bedruckte Lage übrig ist. Diese Lage mit dem Bügeleisen auf dem Haftvlies fixieren und abkühlen lassen.

Anschließend die Küken sowie den grünen Rand mit einer Schere exakt ausschneiden. Wie alle anderen Textilien, mit denen Sie arbeiten, sollten auch die Eierwärmer vor dem Dekorieren einmal gewaschen worden sein! Lösen Sie die Papierschicht vom Haftvlies ab und legen Sie das Küken möglichst ohne Faltenbildung auf den Eierwärmer auf. Mit dem Bügeleisen bei mittlerer Temperatur fixieren und abkühlen lassen. Mit dem grünen Rand ebenso verfahren.

Zum Schluss die Motive mit Textiltransfermedium versiegeln und trocknen lassen. Wenn Sie Freude an dem Kükenmotiv haben, dekorieren Sie doch gleich eine ganze Garnitur mit Tischdecke, Servietten und Tischsets.

Stuhlkissen

Die unteren beiden Serviettenlagen ablösen und die bedruckte Lage mit Haftvlies verstärken. Dazu die Serviette glatt streichen und das Haftvlies mit dem Bügeleisen bei mittlerer Temperatur auf die Unterseite aufbügeln. Abkühlen lassen.

Dann die Meeresmotive, die Sie ausgewählt haben, mit einer Schere exakt ausschneiden und zunächst probeweise auf dem Kissen anordnen. Die Folie entfernen, die Motive mit Backpapier abdecken und dann mit dem Bügeleisen bei mittlerer Temperatur aufbügeln.

Nachdem der Stoff sich abgekühlt hat, die Motive mit einer Schicht Textiltransfermedium überstreichen und trocknen lassen. Mit einem feinen Pinsel arbeiten, dabei möglichst nicht über die Kontur hinausstreichen, da sich sonst

Lackflecken auf dem Bezug bilden können. Den Lack mindestens 72 Stunden trocknen lassen, bevor Sie eine erste «Sitzprobe» machen.

Keine Angst! Der dekorierte Stoff ist robust genug, um sich darauf zu setzen.

Weinflaschenbeutel

Sicher haben Sie auch schon des Öfteren festgestellt, dass so manche Flasche allein durch ihre «Bekleidung» beeindruckt. Aber auch einem edlen Tropfen steht ein schönes Gewand.

Zunächst die unteren beiden Serviettenlagen ablösen. Ein der Serviette entsprechend großes Stück Haftvlies zuschneiden und die bedruckte Lage mit der Unterseite aufbügeln. Abkühlen lassen. Mit einer Schere die Kontur von Birne und Trauben exakt ausschneiden.

Dann die Trägerfolie vom Haftvlies lösen und das Motiv auf dem Flaschenbeutel positionieren. Vorwaschen nicht vergessen!

Die Motive mit dem Bügeleisen bei mittlerer Temperatur aufbügeln und dann abkühlen lassen. Zum Schluss das Motiv mit Textiltransfermedium und einem feinen Pinsel versiegeln, dabei möglichst nicht über die Kontur hinausstreichen.

Nach dem Trocknen nochmals überbügeln. Achten Sie darauf, dass die Motive nur auf der unteren Hälfte des Beutels fixiert werden, damit sie sich nicht gerade an der Stelle befinden, an der der Beutel zusammengebunden wird.

Kochbuch mit textilem Umschlag

Hat das Buch keinen fertigen textilen Umschlag, legen Sie es geöffnet mit dem Buchrücken auf eine Lage Baumwollstoff. Zur Buchgröße eine Zugabe von 7 cm einzeichnen und die Umrisse des Buches mit einer Schere aus dem Stoff ausschneiden.

Die äußeren Stoffkanten mit Saumfix verstärken, sodass der Stoff nicht ausfransen kann. Den Umschlag am Buchrücken einschneiden. Den Stoff auf die Breite von 2 cm umschlagen und auf der Innenseite des Buches mit doppelseitigem Klebeband festkleben. Bei einem Buch mit fertigem Stoffumschlag kann dieser Arbeitsschritt entfallen.

Die unteren beiden Lagen der Serviette ablösen und die bedruckte Lage mit Haftvlies verstärken und abkühlen lassen. Als Untergrund ein im Umfang ca. 2 cm größeres Stück helles Jutegewebe zuschneiden und 1 cm vom Rand mit engem Zickzack-Stich umsticken. Das Jutegewebe ebenfalls mit Haftvlies verstärken.

Anschließend das Fischmotiv mittig auf das Jutegewebe bügeln. Beides zum Schluss auf den Buchumschlag aufbügeln und abkühlen lassen.

Das Fischmotiv zusätzlich mit Textiltransfermedium versiegeln, dabei mit dem Pinsel immer von der Mitte zum Rand arbeiten.

Topflappen

Aus grober Wolle gehäkelte Topflappen eignen sich nicht besonders gut für die Serviettentechnik. Am besten arbeiten Sie mit Baumwollstoff. Verwenden Sie die Motive nur für die Oberseite der Topflappen, da die applizierte Serviettenschicht nicht absolut hitzebeständig ist.

Den Stoff vor dem Dekorieren waschen. Die unteren beiden Lagen der Serviette ablösen. Ein der Größe der Serviette entsprechend großes Stück Haftvlies zuschneiden und mit dem Bügeleisen auf die Unterseite der bedruckten Lage aufbügeln. Abkühlen lassen.

Die einzelnen Kräutermotive mit einer Schere möglichst exakt ausschneiden. Die Folie vom Haftvlies entfernen und die Kräutermotive zunächst probeweise auf die Handschuhe legen. Mit Backpapier abdecken und mit dem Bügeleisen auf den Handschuhen fixieren. Abkühlen lassen.

Zum Schluss die einzelnen Motive mit Textiltransfermedium gleichmäßig überstreichen. Mindestens 72 Stunden trocknen lassen, nochmals mit Backpapier abdecken und ein letztes Mal mit dem Bügeleisen fixieren.

Wandbehang

MATERIAL

Wandbehang aus Baumwolle
Serviettenmotiv Primeln
Haftvlies
Bügeleisen
Schere
Pinsel
Textiltransfermedium

Wenn möglich, den Wandbehang vorwaschen und bügeln. Zunächst die unteren beiden Serviettenlagen ablösen. Ein der Serviette entsprechend großes Stück Haftvlies zuschneiden und auf die Rückseite der bedruckten Lage bügeln. Abkühlen lassen.

Mit einer Schere die Konturen der Primeln exakt ausschneiden. Dann die Trägerfolie vom Haftvlies lösen und die Primeln auf die Taschen des Wandbehangs auflegen.

Mit dem Bügeleisen bei mittlerer Temperatur durch eine Abdeckung aus Backpapier aufbügeln und dann abkühlen lassen.

Zum Schluss das Motiv mit Textiltransfermedium und einem feinen Pinsel überstreichen. Dabei immer von der Mitte zum Rand hin arbeiten und möglichst nicht über die Kontur hinausstreichen.

Trocknen lassen und danach ein abschließendes Bügeln der Motive nicht vergessen.

(Große Schlüsselblume
(Primula elatior)

Gelbe Primel
(Primula Auricula).

44

Marmeladendeckchen

MATERIAL

Heller Baumwoll- oder Leinenstoff
Nähgarn in Hellgrün
Serviettenmotive Orangen und
Birnenblüten
Haftvlies
Bügeleisen
Textiltransfermedium
Pinsel
Schneiderkreide

Bei diesem Modell können Sie entweder auf die in Handarbeitsgeschäften angebotenen Marmeladendeckchen zurückgreifen oder aus Stoffresten und farblich passendem Nähgarn eigene Deckchen nähen.

Als Schablone verwenden Sie am besten eine Untertasse oder ein kleines Schälchen, das Sie auf den geglätteten Stoff auflegen. Ziehen Sie die Kontur mit Schneiderkreide nach. Dann mit einer

Stoffschere zuzüglich 3 cm Nahtzugabe ausschneiden.

Umnähen Sie die Kreidemarkierung mit engem Zickzack-Stich mit der Nähmaschine. Dann den Überstand mit einer Schere sauber abschneiden. Um ein Ausfransen der Ränder zu verhindern, sollten bestimmte Stoffe mit Vlieseline auf der Unterseite verstärkt werden.

Die beiden unteren Lagen der Servietten ablösen. Haftvlies auf die Rückseite der bedruckten Lage bügeln. Abkühlen lassen. Mit einer Schere die Kontur des Motives exakt ausschneiden. Dann die Trägerfolie vom Haftvlies lösen und auf die Deckchen auflegen. Mit dem Bügeleisen bei mittlerer Temperatur aufbügeln und dann abkühlen lassen.

Abschließend die Motive zum Versiegeln gleichmäßig mit Textiltransfermedium bestreichen. Der Lack sollte mindestens 72 Stunden trocknen. Dann das Motiv noch einmal mit Backpapier abdecken und bügeln.

Wir danken folgenden Firmen für die Bereitstellung der Materialien für dieses Buch:
IHR, Brookdamm 3, 49628 Essen / Oldenburg
Creative Hobbies GmbH, Bamberger Straße 21, 96215 Lichtenfels

Die Deutsche Bibliothek – CIP-Einheitsaufnahme
Ein Titeldatensatz für diese Publikation ist bei Der Deutschen Bibliothek erhältlich.
ISBN 3-332-01263-0

www.dornier-verlage.de
www.urania-ravensburger.de
1. Auflage Juli 2001
© 2001 Urania Verlag, Berlin
Der Urania Verlag ist ein Unternehmen der Verlagsgruppe Dornier.
Alle Rechte vorbehalten.

Umschlaggestaltung: Behrend & Buchholz, Hamburg
Fotos: Markus Hertrich, Hamburg
Modelle: Susanne Helmold
Lektorat: Martin Rundel
Gestaltung & Layout: Berliner Buchwerkstatt, Britta Dieterle
Druck: Messedruck Leipzig GmbH
Gedruckt auf alterungsbeständigem Papier mit chlorfrei gebleichtem Zellstoff.

Die Schreibweise entspricht den Regeln der neuen Rechtschreibung.